Name

a   a   a   a

d   d   d   d

aa   aa

ad   ad   ad   ad   ad   add

an artistic dog

dd   dd

da   da   da   da   da   dad

add   dad

c c   o o

c   c   c   c

o   o   o   o

a cold octopus

cc cc

co   co   co   co   co   cod

oo oo

od   od   od   od   odd

cod   odd

Overhill Letters

g g q q

g *g* *g* *g*

q *q* *q* *q*

a good quail

gg gg
go go go go go good

qq qq
aq aq aq aq aq aqua

good   aqua

3   *Overhill Letters*

n n m m

n n n n

m m m

a noisy monkey

nn nn

no no no no nod

mm mm

ma ma ma ma man

nod   man

4 *Overhill Letters*

Name _____

v n   x x

n   n   n   n

x   x   x   x

a vulture's xylophone

nv   nv

na   na   na   na   nan

xx   xx

ox   ox   ox   ox   ox   box

van   box

© Carson-Dellosa CD-0885   5   Overhill Letters

Yy Zz

a yawning zebra

y   y   y   y

z   z   z   z

yy   yy

ya   ya   ya   ya   yam

zz   zz

zo   zo   zo   zo   zoo

yam   zoo

6

Overhill Letters

i i e e

i i i i i

e e e e

ii ii

ig ig ig ig ig dig

an intelligent elephant

ee ee

eg eg eg eg eg egg

dig   egg

7

Uphill Letters

u u w w

u u u u

w w w

an upside-down walrus

uuu uuu

qu qu qu qu quiz

www www

wi wi wi wi wig

quiz   wig

8   Uphill Letters

r r s s

r r r r r r

s s s s s s

a sleepy raccoon

rr rr

ru ru ru ru ru run

ss ss

su su su su su sun

run   sun

Uphill Letters

jj pp

j   j   j   j

p   p   p   p

a juggling pig

jj jj

ju ju ju ju ju jug

pp pp

pa pa pa pa pan

jug   pan

t t t l l

t t t t t

l l l l l

a leaping turtle

tt tt

ti ti ti ti ti ti tin

ll ll

la la la la la $lamp$

tin $lamp$

   Uphill High Letters

Name

bb ff

b b b b b

f f f f f

bb bb

bl bl bl bl bl blue

ff ff

fa fa fa fa fa fast

a baby frog

blue   fast

h h   k k

h   h   h   h

k   k   k   k

hh hh

ho ho ho ho ho hop

a hungry kangaroo

Joey

kk kk

ke ke ke ke ke key

hop   key

13

Uphill High Letters

Name _____

Trace and write the lowercase letters.

a   b   c

d   e   f

g   h   i

j   k   l

m   n

o   p   q

r   s   t

u   v   w

x   y   z

Name

Aa Oo

A A A A

O O O O

Amy Owen's apron

A a   O O

Am Am Am Amy

Ow Ow Ow Owen

Amy Owen

C C E E

C C C C

E E E E

C C E E

Er Er Er Er Er Eric

Cl Cl Cl Cl Cl Cline

Eric Cline's coat

Eric Cline

16

Name

NN MM

n n n n

m m m m

n n   M M

Ma Ma Ma Mary

Na Na Na Nash

Mary Nash

Mary Nash's medal

Name

H H K K X X

H H H H

K K K K

X X X X

Ken Xavier Haw's house

Ke Ke   Ken

Xa Xa   Xavier

Ha Ha   Haw

Ken Xavier Haw

© Carson-Dellosa CD-0885   18

Name

$\mathcal{V} \mathcal{V}$ $\mathcal{W} \mathcal{W}$

$\mathcal{V}$ $\mathcal{V}$ $\mathcal{V}$ $\mathcal{V}$

$\mathcal{W}$ $\mathcal{W}$ $\mathcal{W}$ $\mathcal{W}$

Will Vaughn's violin

$\mathcal{V}$ $\mathcal{V}$ $\mathcal{W}$ $\mathcal{W}$

Wi Wi Wi Wi Will

Va Va Va Va Vaughn

Will Vaughn

19

Name

𝒰 𝒰 𝒰 𝒰

𝒴 𝒴 𝒴 𝒴

𝒰 𝒰   𝒴 𝒴

𝒴𝑜 𝒴𝑜 𝒴𝑜 𝒴𝑜 𝒴𝑜𝑙𝑎𝑛𝑑𝑎

𝒰𝑛 𝒰𝑛 𝒰𝑛 𝒰𝑛 𝒰𝑛𝑔𝑒𝑟

𝒴𝑜𝑙𝑎𝑛𝑑𝑎 𝒰𝑛𝑔𝑒𝑟

𝒰 𝒰 𝒴 𝒴

Yolanda Unger's uniform

Q 2 Z z

2 2 2 2

z z z z

2 2 z z

Za Za Za Za Zach

Zu Zu Zu Zu Quinn

Zach Quinn

Zach Quinn's quilt

Name

BB PP RR

B   B   B   B   B

P   P   P   P   P

R   R   R   R   R

Paul Brian Roe's present

Pa   Pa   Paul

Br   Br   Brian

Ro   Ro   Roe

Paul Brian Roe

22

Name

D D L L

D D D D

L L L L

D D   L L

Do Do Do Donna

La La La La Lang

Donna Lang

Donna Lang's desk

S S G G

S S S S

G G G G

S S   G G

Sam Gamble's glove

Sa Sa Sa Sa Sam

Ga Ga Ga Gamble

Sam Gamble

T T T T

F F F F

T T T T

F F F F

F F F F

Tia Ford's family

Ti Ti Ti Ti Tia

Fo Fo Fo Fo Ford

Tia Ford

Name

I I I I

I I J J

I I

J J J J

I I   J J

Ian Ian Ian Ian Ian

Je Je Je Je Jessup

Ian Jessup

Ian Jessup's journal

26

Name _____

Trace and write the uppercase letters.

A   B   C

D   E   F

G   H   I

J   K   L

M   N

O   P   Q

R   S   T

U   V   W

X   Y   Z

Name _____

Trace and write the numbers and number words.

0	zero
1	one
2	two
3	three
4	four
5	five
6	six
7	seven
8	eight
9	nine
10	ten

Name _____

Trace and write the days of the week.

Sunday

Friday

Monday

Saturday

Tuesday

Wednesday

Thursday

Sunday
Monday
Tuesday
Wednesday
Thursday
Friday
Saturday

Name _____

Trace and write the months of the year.

January

February

March

April

May

June

July

August

September

October

November

December

Name _____

Trace and write the names of the planets.

Mercury

Venus

Earth

Mars

Jupiter

Saturn

Uranus

Neptune

Name